Karl Rahner

DIE GABE DER WEIHNACHT

KARL RAHNER

DIE GABE DER WEIHNACHT

Herder
Freiburg · Basel · Wien

Umschlagbild: Die Geburt des Herrn.
Gotische Miniatur von Meo di Frosino
in einer Handschrift in der Kathedrale von Prato
(Foto: Herder-Archiv)

Imprimatur. – Freiburg i. Br., den 25. Juli 1980
Der Generalvikar: Dr. Schlund
Herstellung: Freiburger Graphische Betriebe 1980
ISBN 3-451-19150-4

Vorwort

Der hier gebotene Text enthält eine Meditation, die ich im Dezember 1979 in der Münchner Katholischen Akademie in Bayern vorgetragen habe. Sie wurde für die Drucklegung ein klein wenig erweitert.

Die Meditation mutet dem Leser – so will mir scheinen – einige Anstrengung des Denkens zu. Aber es ist vielleicht gut, wenn man nicht zu schnell in eine gemütvolle Weihnachtsstimmung hineinflüchtet. Nicht weniges, was hier gesagt wird, habe ich mit anderen Worten auch schon in anderen Weihnachtsmeditationen dargelegt. Doch ist das Geheimnis von Weihnachten wahrhaftig so, daß man immer wieder aufs neue darüber nachdenken muß – mit dem Verstand und mit dem Herzen. Auch mit dem Verstand, weil auch er immer von der heiligen Wahrheit von Weihnachten erleuchtet werden muß.

München, September 1980 *Karl Rahner*

Inhalt

Die Gabe der Weihnacht

Bald ist Weihnachten. Vielleicht erweckt in vielen von uns diese Nachricht eher einen geheimen Grimm als echte Freude. Man denkt an einen gequälten Festrummel, an gesellschaftliche Verpflichtungen und wird verstimmt: Was soll das Ganze in jedem Jahr? Selbst wenn man sich scheut, Weihnachten als einem religiösen Fest diesen geheimen Grimm reflex zuzuwenden, so fühlt man sich doch auch dann nur zu leicht überanstrengt und überfordert durch das, was Weihnachten als heiliges Fest der Christenheit uns abzuverlangen scheint. Mit dem Kommando des Kalenders scheint es doch auch in Sachen religiöser Vollzüge ein anzweifelbares Ding zu sein. Der Rückgang der gebotenen Feiertage seit der Aufklärung ist vielleicht nicht nur aus volkswirtschaftlichen Gründen zu erklären, sondern auch aus einer gewissen Verlegenheit der Kirche, dem Christen geschichtliche Gedenktage zuzumuten, für die er nur mühsam oder gar nicht ein wirkliches Verständnis aufbringt.

Weihnachten als Aufgabe

Wenn wir uns ehrlich und nüchtern zunächst ein solches Defizit an religiöser Stimmung auch für Weihnachten eingestehen und zubilligen, dann ändert das doch wieder nichts an der Tatsache, daß Weihnachten kommt und daß wir – ob wir wollen oder nicht – mitfeiern müssen, wenn wir uns nicht durch ein totales Beiseitestehen in eine noch unangenehmere Situation abdrängen lassen wollen. Feiern wir aber Weihnachten, dann ist es immer noch am weisesten und am besten, wenn wir eben doch versuchen, Weihnachten wirklich zu feiern, wenn wir zu unserer freien Tat des Herzens machen, was uns Gesellschaft und Kirche nur abzunötigen scheinen.

Es wäre ja unehrlich und eine Ausflucht falscher Bequemlichkeit und Resignation, wenn wir so täten und stillschweigend voraussetzten, daß unsere gute oder schlechte Weihnachtsstimmung nichts mit einer frei erwählten und erarbeiteten Einstellung zu tun habe. Man kann nachdenkend, meditierend, betend jene innere Haltung gewinnen, die diesem Fest entspricht. Diese Einstellung ist nicht nur eine *Gabe,* sondern auch eine *Aufgabe* des inneren Menschen.

Hier sollen nun einige kleine Überlegungen

vorgetragen werden, die vielleicht doch bei der Aufgabe helfen können, den inneren Menschen so einzustellen und zu bereiten, daß er die Gabe von Weihnachten entgegenzunehmen bereit ist, die ihm in dieser Zeit angeboten wird. Wir denken bei diesen Überlegungen an den christlich religiösen Sinngehalt von Weihnachten, nicht an die bürgerliche und familiäre Seite dieses Festes, obwohl auch diese einer kritischen Besinnung bedürftig wäre.

I

Schwierigkeiten am Rande

Bevor wir die fundamentale Schwierigkeit bedenken, die es uns schwermacht, dieses Fest lebendig in Geist und Herz aufzunehmen, sei versucht, zunächst einige sekundäre Schwierigkeiten wegzuräumen.

Es ist selbstverständlich, daß wir als Christen nur vom Kreuz und der Auferstehung Jesu her einen wirklichen Zugang zur Tatsache und zum Sinn des Weihnachtsfestes finden können. Wir feiern die Geburt dessen, den wir in seinem Tod und seiner Auferstehung als unseren Erlöser und Herrn, als die unwiderrufliche Heilszusage Gottes gefunden haben. Nur von daher kann uns die Geburt Jesu bedeutsam sein, eben als der Anfang dieses Lebens und Sterbens, in dem unser Leben die unwiderrufliche Zusage der ewigen Freiheit erhielt. Weihnachten mag dennoch das liebliche Fest eines holdseligen Kindes bleiben; wir hätten aber seinen Sinn nicht begriffen, wenn wir dieses Fest nicht als den Anfang eines Lebensweges verstehen würden, der durch alle Abgründe des Menschentums hindurch den Menschen in die selige Vollendung führt, die in dem unbegreiflichen Geheimnis Gottes verborgen ist.

Wenn wir als Christen darum doch nicht bloß den Karfreitag und Ostern begehen, nicht nur Jesu Tod feiern und seine Auferstehung bekennen, sondern auch das Weihnachtsfest feiern, so liegt darin gegen jede funktionalistische Verkürzung der Wirklichkeit Jesu das Bekenntnis, daß dieser Mensch, weil er unser Erlöser aus Gottes souveränem Entschluß und nicht bloß von menschlicher Initiative her sein sollte, vom Anfang seiner menschlichen Existenz an umfangen war von jener Einheit mit dem ewigen Logos, die wir sein Gottmenschentum, seine hypostatische Union mit dem WORTE GOTTES nennen, daß er von Anfang an der Gottmensch war, auch wenn dadurch noch nicht darüber entschieden ist, wie aus einer letzten Tiefenerfahrung seiner Einheit mit Gott sein alltägliches und mitteilbares Bewußtsein reflex diese Einheit mit Gott im Lauf seiner Geschichte objektiviert hat.

Es hat ja in der jüngsten Theologie Bestrebungen gegeben zugunsten einer rein funktionalistischen Deutung Jesu. Man vertrat die These, wir könnten nur sagen, was Jesus „für uns" bedeute,

Aussagen aber über ihn „an sich“ seien überflüssig und letztlich sinnlos. Aber selbst wenn wir von der allgemeinen erkenntnistheoretischen Überlegung absehen, daß – ob man will oder nicht – jede funktionale Aussage über irgendeine Wirklichkeit doch immer auch eine essentiale Aussage, eine Wesensaussage impliziert, wenn die funktionale nicht ins Leere gehen soll, sondern eine von der Aussage selbst unabhängige und verschiedene Wirklichkeit treffen soll, dann ist dies mindestens in unserem Falle unausweichlich.

Wenn Jesus für uns die siegreiche und endgültige Heilstat Gottes an uns sein soll, wenn unsere Behauptung dies nicht bewirkt, sondern als unabhängig von diesem Satz wirklich behauptet, dann ist von Jesus „an sich“ etwas gesagt. Es kann dann nur die Frage sein, was sich für uns über Jesus aus dieser Grundaussage weiterhin erkennen und ableiten läßt. Zu behaupten, es sei daraus über seinen Anfang nichts zu erkennen und seine „Kindheitsgeschichte“ könne in allem und jedem nur den Rang einer frommen Legende haben, die den Glauben überhaupt nicht berührt, ist reine Willkür.

Gerade wenn wir Karfreitag und Ostern feiern wollen und glauben, was dieses Ereignis unserer

Erlösung in Jesus und in seinem Verhältnis zu Gott voraussetzt, können und müssen wir Weihnachten feiern, auch wenn dieses Fest nur im Rückblick von Ostern her möglich ist. Wenn wir von Ostern her Weihnachten feiern, ist auch die eigentliche Substanz von Weihnachten glaubend erreichbar, ohne daß wir allzu viele kritisch-historische Fragen danach stellen müssen, wie diese Geburt Jesu in ihren historischen Details verlaufen ist. Was an diesen Erzählungen darüber bei Lukas und Matthäus – historisch genau oder in dem oder jenem tiefsinnig legendär übermalt – erzählt wird, sind Fragen, die letztlich kein größeres Gewicht haben. Der Exeget und der Historiker mögen kritisch untersuchen, ob Jesu Geburt wirklich in der Zeit einer Volkszählung unter dem Statthalter der Provinz Syrien Quirinius sich ereignete, der skeptische Mensch von heute mag sich fragen, wie er sich den Gesang der Engel vor den Hirten auf den Fluren Betlehems genauer vorstellen solle; all das mögen offene Fragen bleiben, die man verschieden beantworten kann. Dennoch bleibt es dabei:

In Jesu Geburt trat, gewollt durch den souveränen Heilswillen Gottes, *der* in unsere Geschichte ein, der durch seine ganze Existenz und sein ganzes Leben samt dessen Ende das endgültige Wort Gottes an uns werden sollte und das auch sein konnte. Das wird an Weihnachten gefeiert, und das bleibt gültig auch vor der neugierigen Kritik der Historiker, wenn sie die Geschichten über die Anfänge Jesu lesen, die nur von Matthäus und Lukas berichtet werden, während die übrigen Schriften des Neuen Testaments sich für solche Einzelheiten nicht interessieren.

Die zentrale Schwierigkeit

Wir haben nun in einer theologischen Überlegung die Hauptschwierigkeit zu bedenken, der wir begegnen, wenn wir Weihnachten feiern, selbst dann begegnen, wenn wir nicht schon einfach vor allgemeiner Uninteressiertheit, Gleichgültigkeit und Langeweile vor dem Gewohnten kapitulieren. Die gemeinte Schwierigkeit ist eine komplexe Größe. Sie hat vor allem zwei Aspekte: Die zeitliche Ferne des Ereignisses und seine kontingente Geschichtlichkeit, die es uns schwermachen, Weihnachten als Grund des Heiles unserer ganzen Existenz zu begreifen.

Die zeitliche Ferne

Schon die zeitliche Ferne von Weihnachten schreckt uns: Es ist so schrecklich lange her. Auch Weihnachten scheint uns wie andere Ereignisse einer fernen Vergangenheit zu überfordern.

Es ist zwar wahr, daß uns die ferne zeitliche Geburt Jesu nichts nützen würde, wenn – wie die Mystiker sagen – Jesus nicht in unserem Herzen geboren würde, daß also umgekehrt ein Verständnis für die zeitliche Geburt des Herrn aus seiner gnadenhaften Geburt in unserem Herzen mag gewonnen werden können. Es ist dies ja schon darum von einer nüchternen Theologie her richtig, weil der Glaube an Weihnachten als historisches Ereignis nur mit der Gnade möglich ist, die eine Selbstmitteilung Gottes an den innersten Kern unserer Person, eine Gottesgeburt in unserem Herzen bedeutet. Für eine christliche Theologie der Glaubensgnade ist darum von vornherein unser Bezug auf ein auch historisches Ereignis (Geburt Jesu, Kreuz, Auferstehung) verbunden und getragen von einer innersten Begegnung mit Gott hier und jetzt im Vollzug unserer Existenz. Der Gott, der in jenem geschichtlichen Ereignis sich offenbarte, ist in einem der Gott, der aus der innersten Mitte unserer eigenen Existenz heraus uns selber auf dieses geschichtliche Offenbarungsereignis hin ausrichtet und gerade so seine Selbstoffenbarung in unserer eigenen Existenz geschehen läßt. Dadurch ist nicht ausgeschlossen, sondern mitgegeben, daß unser eigener bewußter Daseinsvollzug in der Ausdrücklichkeit und Freiheit unseres Bewußtseins auf dieses geschichtliche Ereignis bezogen sein muß.

Diese Bezogenheit mag in vielen, die ihr Heil durch den dafür immer notwendigen Glauben wirken und finden, sehr unausdrücklich und implizit sein, zum Beispiel, indem man liebend den Nächsten sucht und so Jesus selbst verhüllt findet, wie Jesus selbst sagt. Für den voll entwickelten christlichen Glauben, so wie er unsere Aufgabe und Möglichkeit ist, ist eine ausdrücklich wissende und liebende Bezogenheit auf das geschichtliche Ereignis, die von uns gesetzt wird, selbstverständlich.

So etwas ist aber nur echt möglich, wenn in uns *überhaupt* die Fähigkeit eines lebendigen Verhältnisses zu einem früheren geschichtlichen Ereignis entwickelt ist. Darum sind wir gefragt in unserem eigenen Menschsein, ob Geschichte im allgemeinen uns etwas sagen kann, ob wir auch heute noch Menschen sind, die sich betroffen, klagend oder stolz von einem Ereignis unserer Geschichte berühren lassen, ob der Entschluß unserer Ahnen für uns eine Verbindlichkeit haben kann, ob ein geschichtliches Gedächtnis in uns wach ist.

Wenn wir ehrlich sind, werden wir zugeben müssen, daß im Durchschnitt der heutigen Menschheit der Sinn für Geschichte unterentwickelt ist. Das Wissen um allgemeine, immer gleiche Naturgesetze und die Planung einer noch nie dagewesenen Zukunft beherrschen das zeitgenössische Bewußtsein bis zu oft unmenschlicher Geschichtsvergessenheit. Dabei aber ist es doch unerbittlich so, daß auch der rational noch so gesetzmäßig ausgedachte Gang in unsere Zukunft in tausend Weisen mitbedingt ist durch die Situation, in die wir ungefragt hineingesetzt sind, und daß darum dieser rational geplante Gang in die Zukunft nur dann uns selber gerecht werden kann, wenn wir uns rückwärts gewandt mit diesem unserem Ausgangspunkt beschäftigen, der – obzwar geschichtlich geworden – noch immer unser Dasein mitbestimmt.

Und warum müßten wir nicht damit rechnen, daß die ferne Zukunft, in die wir uns hineinbewegen und die nie allein von uns gemacht wird, sondern immer auch unerwartetes, geschenktes Schicksal bleiben wird, sich schon längst in unserer Geschichte drohend und heilverheißend angemeldet haben könnte, daß unsere Geschichte bei allem Gang in das Unerwartete eben doch auch die enthüllende Offenbarung dessen sei, was von Gott schon längst, vielleicht von Anfang an, der Geschichte als ihre geheime Entelechie eingesenkt worden ist?

In dem Maße, in dem ein Mensch geschichtslos wird, wird er auch unmenschlich und orientierungslos. Sein Leben soll die schöpferische Erkämpfung einer unbekannten Zukunft sein, aber eben diese wird sich immer wieder erweisen als die Vollendung des Anfangs, als die Frucht der Geschichte, die schon längst begonnen hat, bevor das kleine Licht unseres individuellen Bewußtseins zu leuchten begann. – Die existentielle Bedeutsamkeit vergangener Ereignisse für uns ist dabei natürlich in sich sehr verschieden.

Es kann uns aber auch umgekehrt die Feier von Weihnachten als einem bestimmten geschichtlichen Ereignis die Frage stellen, ob sonst bei uns eine lebendige, den eigentlichen Kern unserer Existenz berührende Bezogenheit auf unsere Geschichte im allgemeinen lebendig oder verkümmert sei. Denn gesetzt den Fall, es sei die

Fähigkeit einer Kommunikation mit seiner Geschichte bei einem Menschen überhaupt abgestorben, dann könnte er natürlich auch kein echtes Verhältnis zum Ereignis von Weihnachten haben, das als geschichtliches für ihn heilsbedeutsam und noch immer aktuell und nicht in eine leere Gewesenheit abgesunken ist.

Jedenfalls ist Weihnachten eine Frage an uns, ob wir Menschen sind, die kein Gedächtnis im eigentlichen Sinne des Wortes mehr haben, aufgehen im banalen Betrieb bloßer Gegenwart, keine Zukunft aufbauen können, weil sie keine Vergangenheit haben, oder ob Geist und Herz in uns die lebendige Spannung bewältigen, die die Vergangenheit in die eigene Gegenwart hineinnimmt und in eine unendliche Zukunft einbringt. Wenn es uns schwerfällt, Weihnachten zu feiern, dann könnte dies daher kommen, daß wir überhaupt geschichtslos die Wurzeln unserer Existenz ganz oder teilweise haben absterben lassen, die in die Vergangenheit, in die Anfänge zurückreichen und dort die Fülle der Zukunft gewinnen. Wenn Weihnachten uns anstrengt, schadet dies nicht; es können Schmerzen sein, die unvermeidlich jene Umkehr in die Vergangenheit begleiten, die eine wahre Bekehrung zum wirklichen Menschsein ist.

Ein einzelnes Ereignis der Geschichte von universaler Bedeutung?

Wir bedenken nun die Schwierigkeit des Weihnachtsglaubens und der Weihnachtsfeier, die mir als die für Weihnachten spezifischste und schwierigste erscheinen will. Sie ist seit den Zeiten der rationalistischen Aufklärung bekannt und noch immer bedenkenswert:

Ein einmaliges, zeitlich und lokal begrenztes Ereignis soll für das totale Heil des ganzen Menschen, aller Menschen, entscheidend sein; eine Geschichtswahrheit soll eine universale existentielle Bedeutung haben; ein einzelner Punkt der Geschichte und in der Geschichte soll über die ganze Geschichte, die sich uns jetzt als die von vielleicht Millionen Jahren enthüllt, verfügen; die ganze Kette der Geschichte, die nach hinten und nach vorne sich ins Unerkennbare verliert, soll nicht nur von dem Herrn der Geschichte, der außerhalb ihrer selbst in seiner Ewigkeit lebt, getragen werden, sondern auch an einem einzelnen Glied ihrer selbst aufgehängt sein.

Schon fast 300 Jahre mühen sich Theologie und Philosophie, insgeheim auch die Verkündigung, mit diesem Problem ab. Sosehr der Glaube der Christen sich eindeutig auf dieses eine Ereignis „Jesus Christus" innerhalb der Zeit und Geschichte als auf den Herrn und Schlüssel dieser ganzen Geschichte bezieht und davon niemals lassen wird, so ist damit noch nicht gesagt, daß die denkerische Bemühung um diese Glaubenstatsache schon abgeschlossen sei oder überall in den Theologien der Christenheit zum selben Ergebnis geführt habe. Ausgangspunkte und Abläufe solcher gläubig denkerischer Bemühungen sind auch innerhalb der Orthodoxie der Kirche und erst recht außerhalb der Grenzziehungen des kirchlichen Lehramtes sehr verschieden. Wenn hier zu diesem Grundproblem des Christentums ein paar einfache und auch so schon mühsame Überlegungen vorgetragen werden sollen, dann machen sie weder den Anspruch, einen gleichmäßigen, alles nennenden Überblick über die Lösungsversuche zu diesem Problem zu bieten, noch wagen sie, das zum Wichtigsten und schlechthin Entscheidenden zu erklären, was sie hier und jetzt in den Vordergrund des Bewußtseins rücken.

Um diesen zentralen Schwierigkeiten näherzukommen, müssen wir neu ansetzen und von der Sache der Christologie selbst ausgehen.

II

Der Abstieg des Wortes Gottes in die Welt

Man kann mit Johannes – Analoges könnte von Paulus, besonders nach dem Kolosserbrief und dem Christushymnus des Philipperbriefes, gesagt werden – in einer ungeheuren Kühnheit beim Abstieg des göttlichen Logos von Gott in die Welt beginnen: „Und das Wort ist Fleisch geworden". Man sagt sich so, daß Gott nicht nur eine von ihm verschiedene Welt geschaffen hat, umfängt und aus seiner göttlichen Unberührbarkeit heraus regiert, sondern sich selber mit seiner göttlichen Herrlichkeit mitteilen will, sich selber als innerste Dynamik und endgültiges Ziel der Welt einstiften will in ihre innerste Mitte. Man kann dann von da aus bekennen, daß diese Einstiftung Gottes in seine Welt unwiderruflich geschehen ist in Jesus, so daß er, als der von Anfang seiner Existenz an endgültig und unwiderruflich Angenommene, die endgültige, geschichtlich greifbare Selbstzusage Gottes an seine Welt ist.

Man kann dann von daher reflex auch die Christologie entwickeln, wie diese zumal in den ersten fünf Jahrhunderten der Christenheit entfaltet worden ist, besonders in deren Höhepunkt, im Konzil von Chalkedon 451. Man muß allerdings dabei deutlich sehen, daß die endgültige Annahme der Welt in Jesus die Annahme eines geschichtlich in der Zeit sich vollziehenden Menschentums ist, so daß diese Annahme erst dann ganz zu ihrer Vollendung gekommen ist, wenn sich dieses geschichtliche Menschenleben selber im Tod vollendet hat und darin eine souveräne und endgültige Annahme durch Gott durch sein eigenes Ja gefunden hat, entsprechend dem menschlichen Freiheitswesen, das von Gott nicht als Sache behandelt werden kann.

Wenn man so Gott scheinbar steil von oben allein an dem einen Punkt „Jesus“ in die Welt zu ihrer rettenden Annahme einbrechen läßt, dann darf man freilich nicht vergessen, daß dieses scheinbar punktförmige Ereignis als geschichtliches in einer geschichtlichen Welt eben doch faktisch eine Vorgeschichte als Vorbereitung hat und daß diese Geschichte der Welt als Vorbereitung der Ankunft des göttlichen Logos durchwaltet und getragen war (um wirklich seine Vorgeschichte sein zu können) vom Walten des

Heiligen Geistes Gottes, der vom Anfang der Geschichte an schon immer die innerste Dynamik der Welt war.

Von da her kann dann dieser steil von oben kommende Einbruch des sich selbst mitteilenden Gottes in seine Welt ebensogut verstanden werden als der Ausbruch des Heiligen Geistes Gottes aus der innersten Mitte der Geschichte in die Greifbarkeit dieser Geschichte hinein und damit diesem seinem Walten – auch der Freiheitsgeschichte der Menschen gegenüber – Endgültigkeit und Unumkehrbarkeit verleihend.

Zwei Weisen, das eine Geheimnis zu sehen

An dieser Stelle sei es mir erlaubt, auf eine Problematik dieser Logosabstiegs-Theologie aufmerksam zu machen, die mir in der heutigen Theologie noch nicht ausdrücklich und reflex genug ausgetragen zu sein scheint.

Durch die Inkarnation des ewigen Logos und durch die damit faßbare Einwohnung des Heiligen Geistes Gottes in der ganzen Welt und ihrer Geschichte hat Gott gewiß seine Schöpfung nicht bloß als von sich durch einen unendlichen Abstand verschiedene geschaffen, sondern in einem wahren Sinn als seine eigene, ihn selbst bestimmende Wirklichkeit angenommen. Sonst könnte man nicht in Wahrheit sagen, daß der Logos Fleisch geworden ist, könnte man nicht jene Idiomen-Kommunikation lehren, die auch heute die kirchenlehramtliche Christologie eisern aufrechterhält: Gott hat gelitten, ist selber in die leeren Abgründe unserer Existenz hinabgestiegen, ist gestorben.

Diese Lehre ist gewiß immer gültiges Dogma der Kirche. Aber auch wenn es in allen katholisch rechtgläubigen Christologien ausgesagt wird, so meine ich doch, in diesen Aussagen nicht ganz reflektierte Unterschiede herauszuhören. Man könnte vielleicht (um einen schon geläufigen Begriff heranzuziehen) die einen Aussagen unter einen reinen Chalkedonismus, die anderen unter einen Neochalkedonismus subsumieren, zwei Konzeptionen, die es gibt und die in der heutigen Theologie und Verkündigung sich doch nicht sehr deutlich voneinander abheben lassen.

Suchen wir das gemeinte Problem uns möglichst einfach zu verdeutlichen. Wenn wir mit allen und notwendig sagen: Gott hat gelitten, und dadurch ist unser Leiden und unser Tod erlöst und aufgebrochen in die Herrlichkeit des Lebens

Gottes, was ist dann ganz genau gemeint? Ein Vertreter des ihm vielleicht gar nicht reflex bewußten Neochalkedonismus (Namen sollen hier nichts zur Sache tun) wird diesen von jedem zu sagenden Satz insgeheim oder ausdrücklich so verstehen, daß dieses Leiden in der kreatürlichen Wirklichkeit Jesu doch *so* den Logos affiziert, daß dieses Leiden auch eine dem Logos selbst an ihm selbst gegebene Wirklichkeit ist, die stillschweigend und unreflektiert von dem Leiden verschieden ist, das sich in der Dimension der menschlichen Wirklichkeit Jesu ereignet. Der Neochalkedonier empfindet sich erlöst, weil und insofern Gott selber in *diesem* Sinne gelitten hat, das Leiden sich in der Dimension Gottes selber ausgebreitet hat und Gott selber in diesem Sinne mit uns solidarisch geworden ist. Die mindestens unreflex in diesem Sinne verstandene Aussage „Einer aus der Trinität hat gelitten" wird nicht als Gefahr eines impliziten Patripassianismus empfunden, sondern als richtige und notwendige Auslegung von Chalkedon.

Dem *reinen* Chalkedonier wird es bei einem solchen wenigstens unterschwellig gegebenen Verständnis, das zum Beispiel bis zu Formulierungen des „Kadaver-Gehorsams" des Logos führt, unheimlich zumute. Er hat kein Verständnis dafür, daß Gott an sich selbst und in seiner göttlichen Dimension vom Leiden affiziert sein müsse, um uns wahrhaft zu erlösen; er trägt unsere leidvolle Geschichte nicht in das Innere Gottes ein; er erkennt unsere Möglichkeit der Erlösung gerade darin, daß Gott selbst in sich und an sich der übergeschichtliche und leidensfreie in seiner Impassibilität ist und bleibt und daß die welthaften Aussagen über Gott, so richtig und notwendig sie sind, in ihrer eigenen Wirklichkeit ungetrennt, aber eben radikal unvermischt kreatürliche Wirklichkeiten sind und bleiben, von Gott zu sich selbst angenommen sind, aber dennoch das andere sind und bleiben, ohne daß man diese dialektische Aussage noch einmal dadurch sich verständlich machen und letztlich aufheben dürfe, daß man sie, ohne es ausdrücklich zu sagen, mit Gott zu „einer Physis“ verschmilzt.

Wir wollen hier diese Problematik nicht weiter verfolgen, weil sie sehr schwierig ist, obwohl sie nicht nur in einer metaphysischen Christologie vorkommt oder vorkommen sollte, sondern ohne genauere Reflexion doch sehr merklich sich in der Sprache der Spiritualität auswirkt, die sich an den normalen Christen wendet. Aber es sei hier gesagt, daß in dieser Meditation eine Vorentscheidung für einen reinen Chalkedonismus getroffen ist, daß wir unter dieser Voraussetzung meditieren und – soweit es die eigene Reflexion vermag – Vorstellungen und Gedankengänge vermeiden, die soteriologischer Neuchalkedonismus sind oder einen solchen stillschweigend voraussetzen. Wenn jemand, der diesen Überlegungen hier folgt, diese oder jene Aussage vermißt, die ihm lebendiger und deutlicher und einleuchtender vorkommen sollte als das, was hier gesagt wird, dann muß er sich fragen, ob das Vermißte nicht eben Neuchalkedonismus wäre, der hier bewußt zu vermeiden gesucht wird.

Über die Dreifaltigkeit

Noch eine weitere Zwischenbemerkung sei hier erlaubt. Eine Zwischenbemerkung über die Glaubenswirklichkeit der Heiligen Trinität in Gott. Wir setzen hier voraus, daß die immanente Trinität die heilsökonomische Trinität ist und umgekehrt. Das will sagen, die Dreifaltigkeit der Zuwendung Gottes zum Menschen (der sich selbst aussagende Gott, der trotzdem in unumfaßbarer Ursprünglichkeit bleibt; der Gott, der sich selbst geschichtlich aussagen kann; der

Gott, der sich selber überall in die innerste Mitte seiner endlichen Kreatur mitteilen kann und so, er selber bleibend, ankommt) ist schon der dreifaltige Gott an sich selber, die „immanente Trinität“, weil Gott in seinem heilsgeschichtlichen, gnadenhaften Handeln als solchem ursprünglich und letztlich nicht eine von ihm selbst verschiedene kreatürliche und endliche Wirklichkeit schafft, sondern streng sich selber mitteilt, so daß die Dreifaltigkeit seiner Mitteilung Dreifaltigkeit in ihm selbst bedeutet.

Ohne daß hier nun in einer Theologie der Trinität auf die Lehre vom Logos und auf die Lehre vom Heiligen Pneuma eingegangen werden kann, so kann doch sowohl vom Pneuma, von der universalen Begnadigung aller Zeiten trotz der Sünde der Welt, zum Logos, also zur Inkarnation fortgeschritten werden als der Endgültigkeit dieser Begnadigung der Welt durch den Geist Gottes. Aber es kann der Blick auch in umgekehrter Richtung gehen: von der Inkarnation des Logos in der Welt zu der Ausgießung des Geistes von diesem zentralen Punkt der Weltgeschichte aus.

Gott, die innerste Mitte der Welt

Diese ganze theologische Sicht auf Weihnachten, die von oben kommt, kann im Menschen der diese Botschaft hört, einen doppelten Effekt haben. Dieser Mensch kann von der Erfahrung der Gottlosigkeit der Welt und von der Erfahrung der bitteren Leere seines eigenen Herzens her den Eindruck haben, diese Weihnachtstheologie von oben sei bloß die ungeheuerliche Spekulation eines Optimismus, der sich nicht ausweisen könne; diese Spekulation, die die Welt vergöttlicht (ohne sie einfach pantheistisch mit Gott zu identifizieren), sei zu schön, um wahr zu sein.

Oder dieser Mensch meint eben doch in sich trotz aller Gottlosigkeit der Welt und der schuldhaften Leere seines Herzens eine letzte Weite und Sehnsucht nach unendlichem Leben, Freiheit und Reinheit zu verspüren, die er nur zu interpretieren vermag als das Echo auf ein schon ergangenes Angebot der Liebe Gottes, in der Gott selbst sich dem Menschen schenken will und eigentlich schon geschenkt hat, da der Mensch ja nicht suchen würde, wenn er nicht schon gefunden hätte, nein: von Gott gefunden worden wäre. Von dieser geheimen Grunderfahrung her kann dann dieser Mensch die Botschaft von der irdischen Geschichte des ewigen Logos, die Botschaft also von Weihnachten, hören als die universale Erweiterung und Begründung dessen, was er doch als seine eigenste Erfahrung im Geist in sich wahrzunehmen hofft. So kommt es dann eigentlich nur darauf an, welcher von diesen beiden Menschen wir sein wollen.

Aber auch dann, wenn sich ein Mensch glaubend dafür entscheidet, daß Gott selber trotz aller Gottlosigkeit der Welt und vielleicht seines eigenen leeren Herzens die innerste Mitte der Welt selber sein will und in seinem Heiligen Geist ist und daß diese innerste Begabtheit der Welt – die nicht statisch ist, sondern sich geschichtlich ereignet – in Jesus Christus ihren Höhepunkt und ihre Unwiderruflichkeit gefunden hat, so braucht ein solcher Christ doch nicht die Anstrengung und Angefochtenheit dieses seines Glaubens zu verschleiern. Er braucht nicht so zu tun, als ob es ihm besonders leichtfalle, Weihnachten in dem Sinne zu feiern, in dem der christliche Glaube dieses Fest meint. Darum ist es angezeigt, noch auf einen anderen Zugang zum Verständnis von Weihnachten hinzuweisen.

III

Wem begegnen wir, wenn wir Jesus begegnen?

Es ist noch eine ganz andere Gestalt der Weihnachtstheologie neben dieser absteigenden Christologie als der Theologie des menschgewordenen Logos denkbar. Nicht so, als ob diese beiden Wege sich gegenseitig ausschließen würden. Sie bedingen sich vielmehr gegenseitig, und der zweite Weg, von dem wir nun sprechen wollen, ist bei der bisher angedeuteten Abstiegs-Christologie immer schon vorausgesetzt und mitbedacht. Wir meinen die geschichtliche Begegnung mit Jesus, die uns dazu bringt, ihn als die unüberbietbare und unwiderrufliche Selbstzusage Gottes an uns zu glauben. Natürlich geht auch dieser Weg, wenn er ein Zugang zum Mysterium von Weihnachten sein soll, vom Leben dieses Jesus samt dessen Vollendung bei Gott – Auferstehung genannt – aus und begreift von da das Geheimnis seiner Geburt, das sich – wie alle anderen Anfänge – nur vom Leben und seiner Vollendung her enthüllt. Aber so verstanden kann die Begegnung mit dem irdischen Jesus eine wirkliche Weihnachtserfahrung sein.

Wem nun begegnen wir eigentlich, wenn wir Jesus begegnen? Die Antwort auf diese Frage und deren Begründung können hier natürlich nur in äußerster Kürze gegeben werden, ja es kann eigentlich nur eine Andeutung gesagt werden, was eine solche begründete Antwort eigentlich enthalten müßte, wenn sie ernsthaft gegeben werden sollte. Und dabei setzen wir noch die Beschreibung der Voraussetzungen beim Hörer einer solchen Antwort voraus, der Voraussetzungen, ohne die eine solche Antwort gar nicht verstanden werden könnte. Wir setzen einen Menschen voraus, der grundsätzlich einer geschichtlichen Begegnung mit einem anderen Menschen fähig ist, der immer aufs neue nach dem anderen Menschen sucht, der ihm exemplarisch ganz oder teilweise das Geheimnis der eigenen Existenz vorlebt und vorzeigt, weil eben der Mensch sich selber nur in der liebenden Begegnung mit einem anderen findet, dabei aber auch große uhrzeitliche Distanzen überwinden kann.

Wir erblicken uns immer nur im Spiegel, der der andere ist. Selbsterfahrung und Fremderfahrung sind nicht einfach identisch, bedingen sich aber notwendig gegenseitig. Diese Erfahrung des

Nächsten, in der wir uns selber finden, kann gewiß sich auf den Nächsten beziehen, dem wir leibhaftig und in uhrzeitlicher Gleichzeitigkeit begegnen. Aber selbst in diesem Falle trägt diese Begegnung nur dann etwas aus, wenn wir in diesem Augenblick von Gleichzeitigkeit eben doch den Nächsten mit seiner ganzen Geschichte erfahren. Sonst wüßten wir von ihm nur, was auch eine photographische Platte von ihm weiß. Uhrzeitliche Gleichzeitigkeit hat eine existentielle Bedeutung nur, wenn sie eine geschichtliche Begegnung schafft. Und darum kann eine solche geschichtliche Erfahrung möglich und notwendig sein, auch wenn das eigentlich darin Erfahrene keine uhrzeitliche Gleichzeitigkeit mit einem selbst hat. Bericht, Erzählung, Begegnung mit anderen historischen Zeugnissen, Tradition, Überlieferung usw. können ebensogut wie eine leibhaftige Begegnung eine echte geschichtliche Erfahrung eines andern vermitteln. Voraussetzung ist natürlich immer, daß man von sich aus für eine solche Begegnung sich nicht in Gleichgültigkeit und Versunkenheit in die Banalität seines eigenen Alltags verschließt.

Unter dieser Voraussetzung sagen wir: Wir können in Jesus (und eigentlich ganz nur in ihm allein) den restlos Gott übereigneten Menschen finden.

Es sei hier ehrlich und unbefangen zugegeben, daß dieses Wissen um Jesus, seine unbedingte, alle Dimensionen seiner Existenz durchdringende Hingegebenheit an Gott vielleicht nicht so einfach und schnell zu haben ist, wie auch heute ein manchmal überschwenglicher Jesuanismus meint, der sich da und dort auch in einer kirchlichen Apologetik auswirkt. Aber wenn sich auch hier das letztlich eben doch legitime Bedürfnis einer absoluten „Heldenverehrung“ und wirkliche geschichtliche Erfahrung begegnen und sich gegenseitig bedingen, so kann eben in dieser Sache die erste Erfahrung der Jünger mit Jesus und das nie sterbende Zeugnis der Jahrhunderte gebilligt werden, daß uns in Jesus bei aller geschichtlichen Bedingtheit, der natürlich auch er unterworfen ist, der reine, heilige Mensch der bedingungslosen Liebe zu Gott und der bedingungslosen Solidarität mit den Menschen, vor allem den Armen und den Sündern, begegnet.

Diese unbedingte Übereignetheit des ganzen Menschseins an das unendliche Geheimnis, das bedingungslos als rettend und bergend angenommen wird, so Vater genannt, ist auch im Leben Jesu nicht einfach eine statische Größe, sondern hat eine Geschichte mit all den immer neuen, nicht vorhergesehenen Erfahrungen, mit allen Höhen und Abgründen; aber sie ist immer da, restlos da, auch dort noch da, wo sie nur eine brennende Leere der Gottverlassenheit zu sein scheint. Diese restlose Übereignetheit der Existenz Jesu an das namenlose Geheimnis ist eins mit der bedingungslosen Überzeugung, in dieser schlechthinnigen Selbstweggabe auch von Gott angenommen und in ihm geborgen zu sein, ja mit der Überzeugung, daß diese bedingungslose Selbsthingabe, in der sich Jesus an das Geheimnis ausliefert, das er den unbegreiflichen Willen des Vaters nennt, selbst noch einmal reine Gabe Gottes selber ist, der die bedingungslos offene Frage, die der Mensch ist, und die Antwort, die Gott selber ist, wirkt nach seinem Wohlgefallen.

Wenn wir so das, was wir an Jesus beobachten, auf die eben verwendete Weise beschreiben, dann sind wir uns dessen bewußt, daß wir schon übersetzt und interpretiert haben, daß die Absolutheit der Selbstübereignetheit Jesu an den Vater schon eine Extrapolation ist, die nicht unmittelbar in ihrer Restlosigkeit empirisch erfahren werden kann, aber eine Extrapolation, die sich auf die Reinheit seiner Liebe zu Gott und den Menschen ohne entdeckbare Grenze berufen kann und durch das legitimiert wird, was wir seine Auferstehung, die endgültige Gerettetheit seiner ganzen Existenz in Gott nennen.

Wir fürchten gegen das, was wir von Jesus gesagt haben, auch nicht den Vorwurf, wir trieben eine altmodische, nicht mehr mögliche Psychologie Jesu. Denn zunächst einmal sind wir der Überzeugung, daß wir von Jesus, seinem Selbstverständnis und dessen Geschichte geschichtlich mehr wissen, als ein historischer Agnostizismus von Wrede bis Bultmann zugestehen will. Und überdies ist das, was wir sagten, nicht eigentlich empirische Deskription eines nicht faßbaren Seelenlebens, sondern – in Übersetzung – das, was Jesus von sich selbst bezeugt, unter der Verwendung existential-ontologischer Begriffe, die als solche immer verifiziert werden können und von Jesus als in ihm in absoluter Reinheit und Radikalität gegeben ausgesagt werden.

Zu dieser absoluten Selbstübereignetheit Jesu an den Vater muß noch hinzugefügt werden, daß Jesus zugleich eine unheimlich bedingungslose Solidarität mit den Menschen, den Sündern und Verlorenen zumal, lebt. Dieses doppelt-eine bedingungslose Ausgeliefertsein an Gott und die Menschen als Gabe Gottes *und* als sein eigenes letztes Selbstverständnis in Freiheit erfährt Jesus als so umfassend, unerbittlich und unaufhebbar, daß es für ihn zugleich die unwiderrufliche Zuwendung Gottes zur Welt ist. Darum verkündet Jesus, daß das Reich Gottes in der souveränen, alle menschliche Schuld übergreifenden Freiheit der Liebe Gottes angekommen ist und nicht mehr rückgängig gemacht werden kann. Diese existentielle Haltung Jesu, die auch der entscheidende Vorgang in der Heilsgeschichte der Welt ist, wird von ihm auch durchgetragen durch das Schicksal, das diese Haltung absolut zu verneinen scheint: durch den Tod in Gottverlassenheit hindurch. Und dieses Durchhalten auch dort, wo Gott und aller Sinn der Liebe entwichen zu sein scheinen, wird von Gott gerettet und beantwortet durch die reale bleibende Gerettetheit dieses Jesus in Gott, durch das, was wir Auferstehung nennen, die wir natürlich hier nun nicht noch eigens in ihrer Glaubwürdigkeit bedenken und bezeugen können.

Das eine Geheimnis aussagen

Wenn wir voraussetzen (was durchaus legitim ist, wenn auch primitiven Denkgewohnheiten fremd), daß das „Existentielle“ nicht eine nebelhaft über der wahren Wirklichkeit schwebende, bloße Gedanklichkeit ist, sondern die gültige wahre Wirklichkeit des Menschen selber, wenn das „Existentielle“ das wahrhaft Ontologische selber ist, wenn also die Übersetzung vom Existentiellen in das Ontologische eher eine Hilfsmaßnahme für ein primitives Bewußtsein ist, das den Grad der Realität fälschlich an der sinnlichen Eindrücklichkeit einer Wirklichkeit bemißt, dann kann durchaus gesagt werden, daß der Sache nach die Aussage, die wir bisher über unsere Erfahrung mit Jesus gemacht haben, schon die Aussage der klassisch kirchlichen Christologie über Jesus ist und daß sie umgekehrt diese verständlich macht.

Diese These setzt natürlich voraus, daß der Satz der klassischen Christologie, daß Jesus Gott ist, nicht *gegen* das Konzil von Chalkedon als Identischsetzung von Gottheit und Menschheit in Jesus mißverstanden wird, sondern als Satz begriffen wird, der eine einmalige Einheit der Gottheit und der menschlichen Wirklichkeit Jesu derart ausdrücken will, daß wir bekennen, daß die Wirklichkeit Jesu die unwiderrufliche Gegebenheit Gottes selber bei uns ist. Diese Auffassung müßte an sich – was hier nicht mehr möglich ist – noch sehr viel genauer präzisiert und vor Mißverständnissen geschützt werden. Aber es würde sich vielleicht auch so zeigen, daß solche Verständnisbemühungen auch in der klassischen Christologie notwendig sind, weil sie auch nicht einfach schon wirklich verstanden ist, wenn sie nur eisern repetiert wird. Man könnte zeigen, daß auch die klassische Christologie nicht von vornherein gegen Mißverständnisse immun ist.

Wir wollen uns hier wirklich nicht zu den christologischen Auseinandersetzungen äußern, die heutzutage wieder lebendig geworden sind. Aber es soll eben doch die Überzeugung ausgesprochen werden, daß es eine echte Christologie von unten her gibt, die bis zu einer Deszendenz-Christologie der Inkarnation des göttlichen Logos (diese allerdings richtig verstanden) vordringen kann. Diese Christologie von unten darf natürlich nicht willkürlich Einsichten auslassen, die auch hier möglich sind. Dazu gehört die Überzeugung Jesu, daß mit ihm und seiner Verkündigung im Unterschied zu früher das Reich Gottes endgültig und unwiderruflich angekommen ist, gehört die Erfahrung seiner Auferstehung. Wenn diese Daten von unten in ihrer radikalen Bedeutung gewürdigt werden und anderseits in einem reinen Chalkedonismus die

Unvermischtheit der göttlichen und menschlichen Wirklichkeit auch gegen einen geheimen Monophysitismus deutlich bleibt, dann erbringt eine Christologie von unten fundamentaltheologisch und dogmatisch durchaus die Voraussetzungen und die implizite Aussage dessen, was eine Deszendenz-Christologie uns mit Recht lehrt.

Von da aus wird man aber auch sagen dürfen, daß es nicht von vornherein unmöglich oder unorthodox sein muß, wenn man das Geheimnis der Einheit von Gott und Mensch in Jesus in Formulierungen auszusagen versucht, die andere Begriffe und Vorstellungsschemata verwenden als die klassische Christologie, die dann noch lange nicht abgeschafft zu werden braucht. Wer dies bestreiten wollte, müßte sich doch einmal überlegen, daß die Mehrzahl der traditionellen Begriffe in der Christologie als Begriffe einer allgemeinen Ontologie (Natur, Subsistenz, Einheit usw.) grundsätzlich nur entfernt auf das Ereignis letzter personaler Liebe, die in der „Inkarnation" sich ereignet, hinweisen können. Er müßte bedenken, daß er „existentialere" Begriffe in dieser Sache vielleicht nur darum scheut und als ungenügend empfindet, weil er stillschweigend der falschen Voraussetzung huldigt, daß existentiale und existentielle Begriffe weniger an „objektiver Wirklichkeit“ enthielten, als die Begriffe, mit denen er zu arbeiten gewohnt ist.

Jesus, der Beginn der Verwirklichung aller menschlichen Hoffnung

Worauf es hier und jetzt in einer Weihnachtsbetrachtung ankommt, ist dies: Wenn wir dem geschichtlichen Jesus als der Einheit von menschlicher Frage und göttlicher Antwort in seinem Leben, seinem Tod und seiner Auferstehung begegnen, wenn wir dieses Leben als Maß und Kraft unseres Lebens annehmen, dann sind wir in der Situation, aus der heraus Weihnachten begriffen werden kann. Weihnachten ist der Anfang dieses Lebens, die Geburt, die dieses Leben vermag.

Wir sagen: Und das Wort ist Fleisch geworden, und wir sagen: Dieser Mensch Jesus ist so von Anfang an und radikal von Gott gefunden gewesen und bis zum Ende geblieben, daß wir darin auch uns von Gott gefunden hoffen können. Beide Aussagen sagen Weihnachten; in jeder ist die andere enthalten, und es muß jede gehört werden, damit die andere verstanden wird.

Was sollte man sich unter Fleischwerdung des Wortes denken, wenn man nicht verstünde, daß der Mensch Jesus in allen Dimensionen seiner Existenz radikal von Gott angenommen ist? Was sollte die Übereignetheit des Menschen Jesu an Gott als Tat des Menschen und als Gabe Gottes bedeuten, wenn man nicht begriffe, daß sie so radikal ist, daß man sagen kann und muß, das Wort selbst ist Fleisch geworden?

Brechen wir hier ab. Vielleicht sind wir alle ermüdet, ja sogar angewidert von der Mühseligkeit dieser sehr wenig weihnachtlichen Überlegungen zu Weihnachten, auch wenn wir nicht wissen, wie wir sie uns hätten ersparen können, wenn wir nicht in eine Unverbindlichkeit von Sentimentalität fliehen wollen. Aber wie kann man dieses vermeiden und doch nicht steckenbleiben im dürren Gestrüpp theologischer Metaphysik? Können wir uns vielleicht doch noch ganz nüchtern und unsentimental – aber wirklich beteiligt – einen Augenblick vor die Krippe *des* Kindes stellen, dem Weihnachten mit seiner Anstrengung und (hoffentlich) seiner Gelöstheit gilt?

Wenn man dies versucht und es auszusagen unternimmt, dann klingen solche Sätze wie reine Behauptungen ohne Ausweis und Beweis. Und doch: Weil solche Sätze nichts aussagen, als daß sich zu ereignen begonnen hat, was wir auf jeden Fall hoffen müssen, daß es sich einmal ereignet, was wir hoffen müssen, wenn wir nicht im letzten zynisch verzweifeln und diese Verzweiflung nicht bloß durch banalen Alltagsbetrieb vor uns selbst verbergen wollen, dann haben eben solche scheinbar unausgewiesenen Sätze doch ihre Gültigkeit in sich selber.

Man könnte höchstens noch sehr nachträglich gescheit darüber streiten, ob diese letzte Hoffnung, die unsere Existenz ausmacht und die als schon in Verwirklichung begriffen nochmals hoffend vorausgesetzt wird, mit logischer oder geschichtlicher Eindeutigkeit gerade da und so als in der Verwirklichung befindlich ausgesagt werden müsse, wo wir Christen diesen Beginn der Verwirklichung sehen, in Jesus von Nazaret, den wir im Unterschied zu allen anderen Menschen als das Ereignis der unwiderruflichen und siegreichen Selbstzusage Gottes an die Welt in ihrer Geschichte glauben (ohne darum zu meinen, Gott würde sich so der übrigen Welt versagen, da er sie doch in seinem Geist überall mit seiner eigenen Wirklichkeit begnadigt und vergöttlicht). Aber auch diesem Einwand („Warum gerade Jesus?“) kann man wieder nüchtern mit der Frage begegnen, wo denn sonst in der Welt die Menschen den unmöglichen und doch selbstverständlichen Mut haben, den realen Beginn der Verwirklichung ihrer absoluten Hoffnung in der Geschichte zu sehen, in der Geschichte und nicht bloß an dem himmlischen Ort abstrakter Ideale.

IV

Das Kind – wie wir geboren

So also stellen wir uns vor die Krippe Jesu; der Stall und das Vieh darin überrascht uns nicht. Das alles charakterisiert ja auch heute noch auch den Ort unserer eigenen Geburt, auch wenn sie beginnen sollte in der sterilen Eleganz eines Kreißsaales von heute. Da, in dieser Krippe fängt einer an, Mensch zu sein. Er hat sich dazu nicht entschlossen. Er ist nicht gefragt worden. Seine ganze Existenz ist ihm mit der Unerbittlichkeit des Willens eines andern – Gottes – auferlegt worden, so unerbittlich, daß jede Frage und jeder denkbare Protest zu spät kommt, so daß sogar die Rückgabe der Eintrittskarte ins Dasein, wollte man sie versuchen, noch einmal mit den Mitteln dieses schon gesetzten Daseins vollbracht werden müßte und so ihre Unmöglichkeit entlarven würde. Diesem Kind geht es wie uns: es ist da und wurde darüber nicht gefragt. Und dieses Dasein hat keine Ausgänge aus sich selbst heraus, so wenig wie bei uns, weil selbst der Selbstmord kein solcher Ausgang ist.

Aber da ist ein Unterschied zwischen dem Kind und uns. Wir sind in Versuchung, diese unerbittliche Notwendigkeit, zu sein, die Ausgangslosigkeit unseres Daseins wie einen erstikkenden Zwang, wie das eigentliche Todesurteil zu erfahren, eben als die schreckliche Unmöglichkeit, nicht sein zu können. Weil dieses Kind ein wahrer Mensch ist, ja gerade der Mensch, der gewiß zur rechten Zeit in die untersten Verliese seines Menschseins, in den gottverlassenen Tod hinunterdrang, darum hat dieses Kind die den letzten Herzschlag stockenlassende Erfahrung, nicht nichtsein zu können, gewiß auch gemacht. Aber (und da kann ein Unterschied zu uns liegen, zu uns, die wir nie recht wissen, ob wir nicht doch in all unserer Spießbürgerlichkeit einen letzten hassenden Protest gegen diese Notwendigkeit vollziehen) dieses Kind nahm diese Erfahrung an als die Erfahrung der Tat einer Liebe; die Unerbittlichkeit seines ungefragten Gesetztseins war ihm nur die selige Unerbittlichkeit der Liebe, das Wunder des Erwähltseins, der Selbstverständlichkeit des Seins, das sich vor dem Nichts nicht verantworten muß.

In dem Kind war die schreckliche, scheinbar

vernichtende Erkenntnis: Ich bin noch einmal durch eine geschenkte und doch die Tat der eigenen Freiheit seiende Proklamation einer antwortenden Liebe überholt und umfangen: ich darf sein, ich will sein, und dieser mein Wille ist die Entgegennahme der Notwendigkeit meines Seins als Tat einer unendlichen Liebe, die mich in nicht hinterfragbarer Souveränität gesetzt hat, aber eben doch nur, um sich selbst an ihre Setzung zu verschenken und zu wagen. Das ist der Grundakt dieses Kindes, den es durch sein ganzes Leben hindurchtragen mußte, bis es damit auch den finsteren Abgrund des Todes ausleuchtete. An sich ist es nicht so wichtig, die Frage zu beantworten, an *welchem* Punkt seiner Lebensgeschichte dieses Kind diesen Grundakt seines Daseins zum erstenmal vollbrachte. Aber es besteht auch kein Grund dafür, zu bezweifeln, daß dieser Grundakt in der letzten unreflektierten Mitte der Existenz in diesem Kind von Anfang an gegeben war, so sehr dieser Grundakt in immer neuen und überraschenden Situationen sich immer wieder neu darstellen mußte.

Unser Dasein annehmen

Wir stehen vor der Krippe dieses Kindes und fragen uns, ob auch wir so mit der uns auferlegten Existenz fertig werden. Ob wir sie annehmen? Die Tatsache, daß wir faktisch existieren, ist ja noch kein Beweis, daß wir dieses Dasein wirklich angenommen haben, so wie es war, so wie es ist, so wie es uns unvorhergesehen noch überfallen wird. Wir haben es gewiß noch nicht aus ganzem Herzen und in all seinen Dimensionen angenommen. Es ist immer noch bei uns eine offene, meist nicht einmal als gegeben eingestandene Frage, ob wir den lieben oder hassen, der uns unser Dasein auferlegt hat, ob wir dieses Dasein als das Wunder der Liebe liebend annehmen oder es in einem geheimen Protest verwerfen, auch wenn dieser Protest – damit er uns nicht zu schwer fällt – nochmals vor uns selber in die nüchterne Alltäglichkeit unseres Alltags versteckt wird, der sich mit tausend Dingen beschäftigt, nur damit wir mit uns selbst nichts anfangen müssen. Wäre es nicht gut, still und verborgen vor dieser Krippe niederzuknien und dieses Kind um die Gnade seines ihm und uns unbegreiflichen Vaters zu bitten, daß wir annehmen, was uns aufgelegt ist, uns selbst?

Das Kind in der Krippe hat unter Augustus sein Leben anfangen müssen, in diesem Augenblick, nicht vorher und nicht nachher. In diesem Augenblick begann das Rad seiner Zeit sich zu drehen, fingen die Augenblicke an zu laufen, einer nach dem andern, jeder nur einmal, alle in einem unerbittlichen Lauf, der unaufhaltsam auf ein Ende dieser Zeit hinlief. Die Ewigkeit hat in diesem Kind für es und darin für die ganze Welt die Zeit in sich aufgenommen, sie von ihrem Anfang und von ihrem Ende her umfaßt und trägt sie in jedem ihrer Augenblicke. Und so kann dieses Kind angstlos diese Augenblicke rinnen lassen, weil jeder wird, aber der Schein der Zeit, der ihre Geborgenheit in Gott nicht scheinen läßt, die Täuschung erzeugt, er vergehe, wie er geworden ist. In Wahrheit aber fallen diese rinnenden Augenblicke in die Ewigkeit Gottes, die sie von vornherein trägt, und werden ewige Gültigkeit. Wir aber stehen mit unserer Zeit vor der Krippe dieses Kindes, dessen Zeit sich in lautere Ewigkeit verwandelt hat, da sie an Weihnachten begann. Erschreckt und doch voll Hoffnung bitten wir dieses Kind, es möge unsere zerrinnende Zeit in seine Zeit aufnehmen. Wenn es nicht geschähe, würde unsere Zeit wirklich das werden, als was sie sich uns darbietet: die ausrinnende

Zeit, in der Augenblick für Augenblick unser Leben zerrinnt. Wo unsere Zeit aber durch Glaube, Hoffnung und Liebe zur Zeit dieses Kindes, zu seinem Fortleben in unserem Leben wird, da ist der Tod in unserer Zeitlichkeit gestorben und wir leben die Zeit, deren Ende der Anfang ewiger Gültigkeit ist.

Wir stehen vor der Krippe. Da, in diesem Stall fängt das irdische Leben an, in dem sich Gott aussagt, er selber, auch wenn diese Aussage so erschreckend billig und banal zu sein scheint wie in jedem Menschenleben. Da, in diesem Stall fängt diese Selbstaussage Gottes an. Die Bühne dieses göttlichen Dramas scheint erbärmlich eng und klein zu sein, mit wenigen und abgebrauchten Requisiten, eine enge Bühne, auf der von vornherein nicht viel gezeigt werden kann. Der Ort ist eng und bleibt es. So, wie in unserem Dasein. Man muß immer irgendwo da sein; man ist nie überall, obwohl doch nur, wenn man überall zugleich sein könnte, Aussicht wäre, daß es einem nicht zu eng wird.

In diesem Kind aber bringt es Gott fertig, seine Unendlichkeit in ein so kleines Dasein hineinzuzwängen. Daß Gott überall ganz sein könne, das mag dem metaphysischen Geist noch verhältnismäßig selbstverständlich erscheinen. Daß er aber sich mit seiner Unendlichkeit selber dem kleinen Daseinsraum mitteilen könne, der wir sind, das ist das Wunder, dessen Möglichkeit uns letztlich doch nur das Kind in der Krippe an Weihnachten verbürgt. Unser Dasein mag uns gewiß so eng vorkommen wie eine Krippe in einem Stall, langweilig, nicht sonderlich gut duftend, erstikkend. Und wenn der metaphysische Idealist erklärt, es wölbe sich über diesem Stall ein unendlicher Himmel, so tröstet diese Erklärung wenig, wenn wir in diesem engen Stall unseres Daseins eingesperrt bleiben. Wir hätten wohl kaum den Mut der Hoffnung, da herauszukommen, wenn nicht Gott selbst in diesem Kind in diesen Stall hineingekommen wäre und so die schreckliche Frage, wie die unendliche Kreatur aus ihrer Enge herauskomme, eigentlich überholt hätte.

Durch das Kind erlöst und befreit

Wir stehen vor der Krippe. Die schreckliche Enge unseres Daseins mag uns das Herz zusammenpressen. So sehr, daß wir nicht einmal mehr meinen, den freien Atem der Hoffnung zu haben, hinauszukommen. Ach, wir sind so müde, uneingestanden resigniert, so daß selbst das Wort unendlicher Hoffnung uns nur noch einmal mehr gereizt und überfordert zu machen scheint. Die Nacht scheint noch finsterer zu werden, wenn man anfängt, vom kommenden Licht des Tages zu reden. Aber wir stehen eben doch vor der Krippe. Es ist kein Wort einer bequemen Ausrede, sondern – da wir es ja doch selber sagen mit der letzten Kraft, die unser Herz hat – die Wahrheit, daß dieses Kind auch noch für uns hofft, wenn unsere Hoffnung zu sterben scheint und wir nur meinen uns retten zu können durch die Flucht in den Alltag mit seinem Betrieb, in dem man nicht glauben, hoffen und lieben muß und so die drohende Verzweiflung nicht spürt.

Das Kind ist aber gekommen. Und so wie wir nicht gefragt wurden, ob wir sein wollen, so sind wir auch nicht gefragt worden, ob wir erlöst und befreit werden wollen. Wir sind es. Durch dieses Kind. Seine Gnade wird uns gewiß auch dazu bringen, dieses Erlöstsein anzunehmen. Denn auch diese Annahme, die die letzte Tat unseres Lebens ist, ist noch einmal Gnade. Das hat auch Paulus gesagt: Getreu ist Gott, der uns berufen hat; er wird es auch machen.

Wir sind vor die Krippe gestellt. Es wird uns

– Recht und Pflicht der Hoffnung, Gnade der Hoffnung – nicht gelingen, von dieser Krippe wegzufliehen. Weihnachten ist in der Nacht unseres Daseins geschehen.

Es ist Heilige Nacht.

Adolf Exeler

Gott, der uns entgegenkommt

Worte zum Advent

„Das Abenteuer unseres Lebens und das Entgegenkommen Gottes" Die Überschrift dieser Predigtreihe ist zunächst nichts anderes als der Versuch, das Wort ‚Advent' so zu deuten, daß es für unser Leben Bedeutung gewinnen kann.
‚Entgegenkommen' Gottes, das ist nicht als räumliche Bewegung zu verstehen, sondern als Kennzeichen für eine Einstellung...
Der richtig verstandene Advent Jesu Christi will auch uns in Bewegung bringen. Darauf kann uns die Tatsache hinweisen, daß ‚Advent' und ‚Abenteuer' dieselbe sprachliche Wurzel haben.
In drei Abschnitten soll versucht werden, dieses eine Thema zu entfalten, das erste Mal bezogen auf den einzelnen Menschen, das zweite Mal bezogen auf Kirche und das dritte Mal bezogen auf die Gesellschaft, in der wir leben" (Aus dem Vorwort).

80 Seiten, kartoniert, ISBN 3-451-19128-8

Verlag Herder Freiburg · Basel · Wien

Rudolf Schnackenburg

Deutet die Zeichen der Zeit

Meditationen zum Advent

Angesichts der Nöte und Sorgen unserer Gegenwart fragen wir, ob uns die Botschaft Jesu helfen kann, „die Zeichen der Zeit zu deuten".
In diesem Horizont meditiert der bekannte Würzburger Exeget Rudolf Schnackenburg vier neutestamentliche Texte, in deren Mittelpunkt die Hoffnung, das Ringen um ein gläubiges Weltverständnis und ein entschieden christliches Weltverhalten stehen.
„... Eine zeitnahe, aus der Botschaft Jesu schöpfende Deutung der Aufgabe und der Zukunft des Menschen. Ratlosigkeit und Resignation zu überwinden, gerade in einer Zeit des Umbruchs die Hoffnung auf die im Glauben zu meisternde Zukunft zu stärken, das will diese lebendige Deutung" (Bayrischer Rundfunk).

3. Auflage 1979. 128 Seiten, kartoniert
ISBN 3-451-17342-5

Verlag Herder Freiburg · Basel · Wien